1

Impressum
© 2000
Alle Rechte beim Autor
A-7001 Eisenstadt, Wolfgarten
Herstellung, Druck und Vertrieb: Libri Books
on Demand, Norderstedt
Umschlaggestaltung und Fotos:
Johann Pehofer
Printed in Germany
ISBN: 3 - 8311 - 0631 - 2

Johann Pehofer

Begabungs- und Begabtenförderung

Aufsätze zur aktuellen Problematik der Förderung von individuellen Anlagen

Inhalt

Johann Pehofer

Versuch einer philosophischen Begründung der Notwendigkeit der Förderung von Begabungen

Eine Betrachtung der Förderung der menschlichen Anlagen kann ohne eine Bestimmung des Menschseins nur oberflächlich bleiben. Bevor also die Notwendigkeit der Förderung von Anlagen genauer betrachtet und begründet werden kann, muss zunächst vom Menschen an sich ausgegangen werden, die Natur des einzelnen näher betrachtet werden. Denn bereits der griechischen Philosophie lag die Einsicht zugrunde, „der Mensch als Mensch ist ein Einiges, ein Individuum."[1].

Diese Verschiedenheit des Menschen erklärt sich aus der „Zusammensetzung von verschiedenen Fähigkeiten, Gemütsbewegungen, Empfindungen, Vorstellungen, die freilich zu einem Selbst oder einer Person verbunden, aber doch voneinander unterschieden sind."[2]

---

[1] Aristoteles: Metaphysik. Ins Deutsche übertragen von Adolf Lasson, Jena: Eugen Diederichs, 1907, S. 243

[2] Hume, David: Dialoge über die natürliche Religion. Ins Deutsche übersetzt und mit einer Einleitung versehen von

Diese Unterschiedlichkeit des Menschen, bedingt durch die Verschiedenheit seiner Anlagen, Talente[3] und Begabungen, weist zunächst auf die Frage des Bewertens; inwieweit stehen bestimmte Talente und Begabungen über anderen, ergibt sich dadurch eine Unterschiedlichkeit des Bewertens?

Hier eine Rangreihe bilden zu wollen ist müßig. „Es können nämlich die individualisierenden Principien in keinem Individuum in derselben harmonischen Proportion, wie in einer andern zusammentreffen, so daß jedes Wesen für sich eine Einheit, und in seiner Weise vollkommen ist."[4]

Gehen wir nun davon aus, dass jeder Mensch vollkommen und doch unterschiedlich ist, so ist in diesem Zusammenhang doch die Frage zu stellen, inwieweit eine Förderung dieser Anlagen möglich ist.

Friedrich Paulsen, 3. Auflage, Leipzig: Felix Meiner, 1905, S. 65

[3] Talent ist nach Kant (1724-1804) diejenige Vorzüglichkeit des Erkenntnisvermögens, welche nicht von der Unterweisung, sondern der natürlichen Anlage des Subjekts abhängt. (Anthrop. § 51). Nach: Kirchner, Friedrich: Wörterbuch der Philosophischen Grundbegriffe. Fünfte Auflage. Neubearbeitung von Dr. Carl Michaëlis, Leipzig: Dürr'sche Buchhandlung, 1907. S. 618

[4] Nicolaus von Cues: Von der Wissenschaft des Nichtwissens. In: Des Cardinals und Bischofs Nicolaus von Cusa wichtigste Schriften in deutscher Übersetzung von F. A. Scharpff;. Freiburg im Breisgau: Herder, 1862, S. 75-76

War bereits in der hellenistischen Zeit der Mensch nicht ausschließlich durch ihre Geburt und ihren Stand, sondern durch Begabungen und Talente definiert („Wir sehen viele Individuen auftreten, die nicht mehr durch ihren Stamm Herrscher ihrer Mitbürger waren, sondern durch Talent, Phantasie, Wissenschaft ausgezeichnet und verehrt "[5]) – so muss dies umso mehr für die Gegenwart gelten.

„Was wahrhaft göttlich, gehört jedem an; Talent, Genie sind ein Einzelnes, Eigentümliches..."[6]. Die Anlage eines Menschen bestimmt nicht seinen Wert. Aber er hat ein Recht, jede Unterstützung zur Förderung dieses Eigentümlichen zu bekommen, wobei die Unterschiedlichkeit der Begabungen ebenfalls mit keinem Maß gemessen werden kann.

„Ob die Natur mehr angewandt hat, einen Newton zu bilden oder einen Corneille, einen Aristoteles oder einen Sophokles, ist nicht zu entscheiden; wohl aber kann man sagen, daß beide Arten von Talent nur verschiedene

---

[5] Hegel, Georg Wilhelm Friedrich: Werke in zwanzig Bänden. Auf der Grundlage der Werke von 1832-1845 neu edierte Ausgabe. Redaktion Eva Moldenhauer und Karl Markus Michel, Frankfurt/M.: Suhrkamp, 1979 (Theorie-Werkausgabe). Bd. 18, S. 179

[6] ebenda

Richtungen in der Anwendung der Einbildungskraft bezeichnen."[7]

Der Notwendigkeit dieser Förderung begegnen wir nicht nur in pädagogischer und anthropologischer Begründung, sondern auch in der Philosophie, für die die Förderung des Einzelnen ein Grundanliegen ist:

„Dies rührt wohl daher, daß der Mensch mit gleichen Fähigkeiten ein weit höheres Ziel erreicht, wenn er in einer sehr geförderten Umgebung sich befindet, als wenn er unter den rohesten Überlieferungen aufwächst."[8]

Die Förderung dieser Anlagen ist eine der Grundvoraussetzung der Menschwerdung, denn „die Menschheit kann nie zur Freiheit gelangen ohne geistige hohe Ausbildung und nie zu dieser ohne jene."[9] Denn es „...kann ohne Ausbildung ihres Geistes und ihrer Vernunft füglich nichts geschehen".[10]

Denn letztendlich muss die Förderung der Anlagen darauf abzielen, „dass sie vorzüglich

---

[7] Friedrich Albert Lange: Geschichte des Materialismus und Kritik seiner Bedeutung in der Gegenwart. Herausgegeben und eingeleitet von Alfred Schmidt, Band 1 und 2, Frankfurt/M.: Suhrkamp, 1974, S. 359

[8] ebenda

[9] Jean Paul: Vorschule der Ästhetik, S. 823. Digitale Bibliothek Band 2: Philosophie, S. 46169 (vgl. Jean Paul-Werke, 1. Abt. Bd. 5, S. 0)

[10] Rousseau, Jean Jacques: Emile oder Ueber die Erziehung, S. 1029. Digitale Bibliothek Band 2: Philosophie, S. 22388 (vgl. Rousseau-Emile Bd. 2, S. 379)

nothwendig ist, um das einzelne Bestreben zu einem Ganzen und gerade zu der Einheit des edelsten Zwecks, der höchsten, proportionierlichsten Ausbildung des Menschen zu vereinen.[11]"

Hier kommen wir zu einem Punkt, der als Nahtstelle zwischen Begabungs- und Begabtenförderung angesehen werden kann.

Die Förderung und Identifikation der Hochbegabten stellt ebenso eine gesellschaftliche und humane Grundforderung dar wie die Förderung von individuellen Anlagen.

Eine humane Grundforderung, weil jeder Mensch das Recht hat, aufgrund seiner Stärken anerkannt zu werden, weil seine Selbstverwirklichung und sein Selbstbewusstsein von diesen Anlagen abhängig ist.

Eine gesellschaftliche Grundforderung, weil die Weiterentwicklung unserer Gesellschaft von einer bestmöglichen Ausnutzung des vorhandenen Potentials abhängig ist.

Daher stellt sich für die Institution Schule auch im Bereich der Begabungs- und Begabtenförderung die Aufgabe, die Realisation von kollektiven und

---

[11] Humboldt: Über das Studium des Althertums, und des Griechischen insbesondre, S. 12. Digitale Bibliothek Band 2: Philosophie, S. 30728 (vgl. Humboldt-W. Bd. 2, S. 7)

individualistischen Werten miteinander zu verbinden.

Johann Pehofer

Differenzierung und Individualisierung als Voraussetzung für Begabten- und Begabungsförderung

"Das Recht auf Bildung darf niemandem verwehrt werden."[12] Der hier vertretene Begriff der Bildung ist jedoch nicht näher definiert, so dass die Frage, ob hier die Begriffe Allgemeinbildung, humanistische Bildung oder Berufsausbildung gemeint sind, offen bleibt. Fest steht allerdings, dass der Begriff der Bildung niemandem, daher auch dem Kind - ob hochbegabt oder behindert -, verwehrt werden darf.

Daher seien hier einige nähere Ausführungen zum Entstehen des allgemeinen Bildungsbegriffs erlaubt, die sich zunächst an der allgemeinen Bildungstheorie von Wilhelm von Humboldt und der Philosophie von Leibniz verdeutlichen:

Leibniz regte durch seine Methodenlehre der "Monaden" die erste Psychologisierung des

---

[12] Artikel 2 des 1. Zusatzprotokolls zur Konvention zum Schutze der Menschenrechte und Grundfreiheiten. BGBl. Nr. 210/1958 zit. nach Sacher 1977, S 412.

Kraftbegriffes an, Bildung als Entfaltung der Seele von Natur aus innewohnenden Kräfte aufzufassen. Leibniz macht ebenso die Monade, das Einzelne, Individuelle, zum Prinzip[13]: „Übrigens macht ein von einem Körper in den anderen übergehender Teil der Materie nicht dasselbe menschliche Individuum aus, noch das, was man das Ich nennt, sondern die Seele ist es, die es ausmacht".[14]

Da bei jedem Menschen seine innewohnenden Kräfte - gemäß seiner Monadenlehre- individuell verschieden sind, muss auch die Förderung dieser Kräfte je nach Individuum verschieden sein. Wilhelm von Humboldt baut auf diesen Gedanken von Leibniz auf. Er fordert, dass der wahre Zweck des Menschen "die höchste und proportionierlichste Bildung seiner Kräfte zu einem Ganzen ist"[15] Bildung wäre also in diesem Sinn die bestmögliche Förderung der in jedem Menschen jeweils verschiedenartigen Anlagen. Diese Förderung

---

[13] vgl. Hegel: Vorlesungen über die Geschichte der Philosophie, S. 1953. Digitale Bibliothek Band 3: Geschichte der Philosophie, S. 1957.

[14] Leibniz: Neue Abhandlungen über den menschlichen Verstand, ebenda, S. 386.

[15] Humboldt: Über das Studium des Althertums, und des Griechischen insbesondre, S. 12. Digitale Bibliothek Band 2: Philosophie, S. 30728.

kann also nur individualistisch erfolgen. Dementsprechend hätte also jeder Mensch im Sinne des Artikels 2 des Zusatzprotokolls zu den allgemeinen Menschrechten das Recht, individuell gefördert zu werden.

Grundlegung der Bildung für alle
Würde man den Begriff nun auf die Schulsituation übertragen, wäre das System Schule überfordert, sowohl vom Organisationsaufbau als auch von der menschlichen Lehrer-Schüler-Beziehung. Grundsätzlich lässt sich sagen, dass Schule, im einzelnen die interpersonale Beziehung zwischen Lehrer und Schüler sehr wohl die Grundlegung der Bildung beinhaltet. Die Aufgabe der Schule besteht letztlich darin die Möglichkeiten der Bildung grund zu legen. Lichtenstein – Rother /Röbe haben in ihrem für diesen Bereich grundlegenden Buch sehr wohl die Bedeutung der Schule für den Wert der Bildung erkannt und ausgedrückt: "Soweit heute wieder Bildung als eine pädagogische Kategorie aufgegriffen wird, ist der Konsens in bezug `auf eine Bestimmung der Bildung als einen durch Personalität, Bewusstseinserhellung und soziale Verantwortung ausgezeichneten Modus des menschlichen in der Welt seins' zu erkennen.[...d.V.] In der Grundschule kann es nur darum gehen, den Anfang eines solchen

Bildungsprozesses als Weg des Kindes zu ermöglichen. In der Wiederaufnahme des Begriffes Bildung ist die Erziehungsdimension der Schule mitgefasst."[16]

Differenzierung als Voraussetzung der Begabungs- und Begabtenförderung

Geht man von der Begriffsdefinition der Differenzierung aus, so unterscheidet man zwischen äußerer Differenzierung, womit äußere Rahmenbedingungen wie Schulorganisation etc. gemeint sind, und innerer Differenzierung, also Maßnahmen, die in bestehenden Klassenverbänden unterschiedliche Lernangebote im weitesten Sinne umfassen. Diese haben in unserem Zusammenhang die Aufgabe,

- der Zielsetzung optimaler Förderung aller Schüler bei der Aneignung von Erkenntnissen, Kenntnissen, Fähigkeiten und Fertigkeiten zu dienen,
- die Selbständigkeit eines jeden Schülers zu fördern und
- Fähigkeiten der Schüler zu bewusstem sozialen Lernen und zur Entwicklung

---

[16] Lichtenstein – Rother, Ilse; Röbe, Edeltraud: Grundschule. Der pädagogische Raum für Grundlegung der Bildung. Weinheim-Basel,1991, S. 11

von Persönlichkeitsdimensionen zu fördern. [17]

Diese innere Differenzierung kann nun – insbesondere in den heterogen zusammengesetzten Klassen der Grundschule– bei allen Persönlichkeitsmerkmalen der Schüler ansetzen: Leistungsfähigkeit, Interessen, unterschiedliches Sozialverhalten, unterschiedliche Motivation und Begabungen kommen als Indikatoren in Frage. Folgende Möglichkeiten stehen dabei dem einzelnen Lehrer zur Verfügung:

Differenzierung

- **Quantitative Differenzierung:**
  Zusatzaufgaben...

- **Qualitative Differenzierung:**
  steigender Schwierigkeitsgrad, Interessen, Zeit

- **Fakultative Differenzierung:**
  Entscheidungsangebote
  nach den Lernzielen
  nach den Unterrichtsmethoden
  nach dem Medienangebot

Individualisierung als Voraussetzung der Begabungs- und Begabtenförderung

---

[17] vgl. Klafki, Wolfgang: Neue Studien zur Bildungstheorie und Didaktik. Weinheim- Basel, 1996, S 181

Individualisierung des Unterrichts im Bereich der Begabungs- und Begabtenförderung bedeutet keineswegs, dass der Unterricht für jedes Kind individuell gestaltet werden muss, wenngleich in einigen Fällen von Hochbegabung auch diese Möglichkeit in Betracht kommt.

Grundsätzlich kann die Individualisierung des Unterrichts in Form eines offenen Unterrichts erfolgen. Wenngleich, je nach methodischer Grundlegung, verschiedenste Bezeichnungen für diese Form des Unterrichts existieren, wie Offener Unterricht, Freie Lernarbeit, Freie Lernphasen etc. können dennoch hier Gemeinsamkeiten gefunden werden:

- Das Kind hat die Entscheidung zu einem Thema aus verschiedenen Aufgaben auszuwählen

- Individualisierung kommt den Interessen, Neigungen und Begabungen des einzelnen Kindes weitestgehend entgegen
- Dem Bereich des sozialen Lernens wird weitestgehend entsprochen.
- Für die Förderung der einzelnen Begabungsfelder des Kindes sprechen zudem eine Reihe von Argumenten:

Anthropologisches Argument:
Der Mensch kann nur dann mündig werden, wenn er lernt, Verantwortung für sich und andere zu tragen.

Gesellschaftliches Argument:
Das soziale Verhalten des Menschen wird durch Individualisierung noch mehr verstärkt und angehoben.

Schulpädagogisches Argument:
Die Beziehung zwischen Lehrer und Schüler wird in den Vordergrund gestellt - Lehrer und Schüler als Partner.

Schulpolitisches Argument:
Den Eltern und Schülern soll deutlich gemacht werden, dass das Kind auch in öffentlichen Schulen seinen Anlagen gemäß gefördert wird. Der Lehrer sollte dabei folgende Voraussetzungen der Organisation und Durchführung berücksichtigen:

- Gut ausgewähltes und zahlreiches Material muss vorhanden sein.
- Wichtig ist eine ruhige Arbeitsatmosphäre.
- Die Hilfe des Lehrers ist notwendig.
- Feste, regelmäßige Zeiten müssen den Kindern bekannt sein.

- Das Kind muss lernen, seine freie Zeit zu nutzen. Die Vorgaben des Lehrers treten zurück.
- Ausstattung des Klassenraums.

Gerade der Lehrer, der täglich mit den Schülern konfrontiert ist, sollte den Begabungskomponenten Beachtung schenken. Leopold Kratochwil[18] gibt einen guten Überblick über diese vorhandenen Begabungskomponenten:

Die Begabungskomponente „Hohe Motivation"

Die Begabungskomponente „hohe Motivation" umfasst den Bereich des Arbeitsverhaltens und des Selbst-Konzepts. Dabei können folgende Beispiele zusammengefasst werden:

- die Fähigkeit, Neugier in verschiedene Richtungen zu entfalten;
- die Fähigkeit, eine Vielfalt an Interessen, Neigungen, Vorlieben zu entwickeln und ihnen, auch unter

---

[18] Kratochwil, Leopold: Die Schule als Chance für gezielte Begabungsförderung. Ein pädagogisch – didaktisches Förderkonzept auf begabungstheoretischer Grundlage. In: Oswald, Friedrich: Klement, Karl; Boyer, Ludwig (Hrsg.): Begabungen entdecken - Begabte fördern. Wien 1994 S. 119-140

Schwierigkeiten, zielstrebig und konsequent nachzugehen;
- Freude an anspruchsvoller Arbeit;
- die Fähigkeit, sich Aufgaben aufgrund innerem Antrieb bzw. Drang auch über längere Zeit hindurch intensiv und konzentriert zu widmen (Ausdauer, Fleiß);
- Erfahrungsoffenheit,
- Risikobereitschaft und Begeisterungsfähigkeit,
- Anstrengungsbereitschaft und - fähigkeit;
- die Fähigkeit, entschlossen zu handeln;
- die Fähigkeit, langfristig zu planen;
- die Fähigkeit eine Bevorzugungshierarchie zu bilden (Aktivitäten nach Präferenzen zu ordnen);
- die Fähigkeit sich selbst positiv einzuschätzen und Selbstvertrauen, vor allem aber Vertrauen in die eigenen Fähigkeiten zu entwickeln;
- Verantwortungsfähigkeit und - bereitschaft;
- die Fähigkeit und Bereitschaft zu sozialer Kontaktnahme

**Die Begabungskomponente
„Hohe Kreativität"**

Sie ist an allen Merkmalen sämtlicher Bildungsbereiche des Menschen orientiert, also nicht bloß allein auf das Denken bezogen. Die kreativen Fähigkeiten sind im kognitiven, im affektiven und im sensomotorischen Bereich zu fördern. Im folgenden einige Merkmale der Kreativität:

- Sensitivität bzw. Sensibilität als Fähigkeit der empfindsamen Einfühlung in andere Menschen, in die Natur und um Probleme zu entdecken;
- Wort-, Assoziations-, Ideen-, Ausdrucksflüssigkeit und figurale Flüssigkeit. Flüssigkeit allgemein ist die Fähigkeit, in einem bestimmten Zeitraum möglichst viele Ideen, Einfälle und Lösungen zu produzieren;
- Originalität als die Fähigkeit, möglichst neue, ungewöhnliche, ausgefallene Ideen, Einfälle und Lösungen zu produzieren;
- die Fähigkeit, etwas aufzubauen, zusammenzusetzen, Querverbindungen und Zusammenhänge zu erkennen (= synthetisieren) und in seine Bestandteile zu zerlegen, zu gliedern (= analysieren);

- die Fähigkeit, etwas neu zu organisieren bzw. zu definieren.

Die Begabungskomponente „Überdurchschnittliche Lernbereichsfähigkeit"

Auf der einen Seite kann diese Begabungskomponente auf die Bildungs-, Lern- bzw. Leistungsbereiche im Menschen bezogen werden, woraus sich kognitive, affektive und sensomotorische Fähigkeiten ergeben; auf der anderen Seite auf die kulturell entwickelten Lernbereiche, das sind:

philosophische, religionsbezogene, sprachliche, künstlerische, handwerkliche, sportliche, logisch-mathematische, politische, ökonomische u. a. Fähigkeiten.

Der kognitive Bereich umfasst unter anderem die Bearbeitungsgeschwindigkeit und die Verarbeitungskapazität in Bezug auf verschiedene Aufgaben, die Fähigkeit, konvergent und divergent zu denken, verschiedene Arten der Merkfähigkeit (abstrakte, soziale, praktische etc.), die Fähigkeit, Neues zu bewältigen einerseits und Automatisierung der Informationsverarbeitung andererseits, die Kritikfähigkeit, und schließlich Humor und Schlagfertigkeit.

Der affektive Bereich erstreckt sich über die Wahrnehmung bis zu ethisch-sittlichmoralischen Werten und umfasst daher Einfühlungsvermögen, Sozialgefühl, Identifikation, Hilfsbereitschaft; Mitleid und Mitfreude; die Fähigkeit Fremdheitsgefühle zu verarbeiten; die Fähigkeit zu Kooperation, Verständnis und Toleranz, Solidarität und Widerstand, zu Schuldeinsicht und Reue; realistische Selbsteinschätzung (führt zum Aufbau eines gesunden Selbstwertgefühls) und Fremdeinschätzung; die Fähigkeit zu Engagement; eine lebensbejahende Einstellung; Wertorientiertheit.

Dieser Bereich überlappt sich stark mit der Begabungskomponente „Motivation". Zum sensomotorischen Bereich zählt man die Sinnes-Wahrnehmung (Sehen, Hören, Tasten, Riechen, Schmecken; Gleichgewicht) und die Motorik mit derer Koordination, was der Sensomotorik entspricht

Begabungsfördernde Lernformen

Zum Abschluss seinen noch die sechs „Methoden" nach Hans J. Gellen und R. Verduin[19] genannt, die in besonderer Weise geeignet sind, Begabungen zu fördern:

---

[19] nach: Kratochwil, Leopold: Die Schule als Chance für gezielte Begabungsförderung. Ein pädagogisch – didaktisches Förderkonzept auf begabungstheoretischer Grundlage. In: Oswald, Friedrich; Klement, Karl; Boyer, Ludwig (Hrsg.): Begabungen entdecken - Begabte fördern. Wien 1994 S. 119-140

Das entdeckende Lernen ermöglicht den Schülern selbständiges und selbsttätiges Finden von verborgenen Fakten, Phänomenen und Zusammenhängen.

Das spielorientierte Lernen beinhaltet verschiedene Spielformen, die für den Unterricht herangezogen werden können: Freies Spiel, darstellendes Spiel als Handlungsform (Rollenspiel) und als Kunstform (alle Formen des „Theaterspiels"), Lernspiele und vieles mehr. Es steht dabei der spielerische Umgang mit Inhalten und Materialien aller Art im Vordergrund.

Das interessenorientierte Lernen berücksichtigt einerseits in besonderer Weise die Neigungen, Vorlieben, Wünsche und Interessen der Schüler. Andererseits sollen dadurch die begabungsorientierten Neigungen vom Schüler zuerst erkannt und Interessen geweckt werden.

Das polytechnische Lernen ist praxisorientiert und gesellschaftsbezogen. Es soll vor allem die Qualität bzw. das Niveau der Handlungsbereitschaft und -fähigkeit in den verschiedenen Lernbereichen erhöhen.

Mit problemorientierten Lernen ist gemeint, dass der Lehrer den begabten Schüler mit Hilfe anspruchsvoller Fragestellung entweder Probleme selbst suchen lässt oder er bietet

Situationen an, die Problemlösungen herausfordern.

Im Rahmen des systemorientierten Lernens schließlich wird der begabte Schüler herausgefordert, die Strukturen eines (vor)gegebenen Systems zu erkennen (identifizieren), zu analysieren, zu beschreiben, zu überprüfen und eventuell im Sinne einer Verbesserung zu verändern.

LehrerInnen können Begabungen fördern, indem sie die eigene Person in den Hintergrund stellen und die SchülerInnen zum Mittelpunkt des Geschehens machen. Gerade die Möglichkeit einer selbständigen Verwirklichung ihrer Vorstellungen und Gedanken eröffnet den SchülerInnen jenes Potential, das für die Förderung ihrer vorhandenen Begabungen notwendig ist.

Johann Pehofer

Begabungen im Primar- und Sekundarbereich erkennen und fördern

Vorwort

Die Jahrtausendwende ist nicht nur durch einen enormen technischen Fortschritt gekennzeichnet. Die Rechte des einzelnen gewinnen in einer humaner werdenden Gesellschaft immer mehr an Bedeutung[20]. Auch das österreichische Bundesministerium für Unterricht und Kunst nimmt darauf Rücksicht, wenn es feststellt, dass Lehrerausbildung zunehmend mit Erwartungen und Anforderungen konfrontiert wird, die im Rahmen des festgelegten Fächerkanons nicht ausreichend berücksichtigt sind. Ein zentrales Thema der dabei geforderten Berücksichtigung von interdisziplinären Ausbildungsinhalten im Rahmen bestehender Fachgegenstände bildet dabei die Begabten- bzw. Hochbegabtenförderung im Rahmen der bestehenden Pflichtschullehrerausbildung, denn „Bildsamkeit ist eine apriorische Bestimmung

---

[20] vgl. Klafki, Wolfgang: Bildungsperspektiven - Grundzüge internationaler Erziehung. In: Klement, Karl; Oswald, Friedrich; Rieder, Albert (Hrsg.): Bildung - Schwelle zur Freiheit, Linz 1993.

des Menschen; sie konkretisiert sich in individuellen Begabungen, Erschwernissen, besonderen Möglichkeiten und Behinderungen".[21]

Die vorliegende Arbeit stellt eine Überarbeitung der wesentlichsten Ergebnisse der im Rahmen eines vom Bundesministerium für Unterricht und kulturelle Angelegenheiten geförderten Pädagogischen Tatsachenforschungsprojekts dar. Es soll im Beruf stehenden Kollegen nicht nur die für ein theoretisches Verständnis notwendigen Zusammenhänge aufzeigen, sondern auch konkrete Möglichkeiten darstellen, Begabungen im Schulalltag zu identifizieren und zielgerichtet zu fördern.

Ansatz ist dabei ein multidimensionales Begabungskonzept, das Begabungen nicht nur im intellektuellen, sondern gleichermaßen im kreativen, sozialen, musischen und psychomotorischen Bereich anerkennt und fördert. Dadurch ist auch die Einbindung von Kindern mit besonderen Lernbedürfnissen sichergestellt, deren Persönlichkeit durch die Förderung der erkannten und bearbeiteten Begabungsfelder entschiedener gebildet wird.

---

[21] Heitger, Marian: Lehrerbildung und Begabtenförderung. In: In: Oswald, Friedrich; Klement, Karl; Costazza, Mario (Hrsg.): Lehrerbildung zur Begabtenförderung und Identifikation von Begabungen. Wien 1995, Seite 146.

Dennoch darf hier nicht übersehen werden, dass sich der Bereich der Frühförderung gänzlich dem Bereich der Schule entzieht, insbesondere die wichtigen emotionalen Voraussetzungen der Erziehung. Das Gefühl des „Angenommenseins" ist eine der wichtigsten Voraussetzungen, „dessen sich Kinder sicher bleiben müssen und nicht mehr so süß sondern anstrengend sind und schwierige Eltern bekommen...Auf diesem festen Grund aber besteht kindliches Glück aus Kleinigkeiten, geboren weniger aus dem, was wir geben, aufwenden, arrangieren, sondern was wir zutrauen und zulassen, geboren aus dem Drang der Kinder nach Forschen und Erproben und ihrer ständigen Bereitschaft zu kreativer Auseinandersetzung mit der Welt, die sie umgibt"[22].

Ebenso muss bedacht werden, dass niemand zur Förderung seiner Anlagen gezwungen werden kann. Eine Instrumentalisierung in diesem Bereich würde wäre nicht nur höchst bedenklich, sondern auch ein Widerspruch in sich.

Letztendlich hat Schule den systemimmanenten Funktionen der Qualifikation, der Selektion und der Legitimation zu entsprechen[23]. Schule muss Mindestqualifikationen von ihren Schülern

---

[22] Liegle, Wolfgang: Sag mir, wo die Kinder sind. In: Bucher, Anton u.a. (Hrsg.): Ich im pädagogischen Alltag. Salzburg-Wien 1998, S 53.
[23] Fend, Helmut: Theorie der Schule. Wien/Baltimore 1981[2].

verlangen. „Gleichheitsprobleme hat die Schule nicht aus ideologischen Gründen, sondern auf Grund ihres Auftrages, der öffentliche Bildung mit einem egalitären Minimum abverlangt. Dieses «Minimum» ist historisch stark angewachsen, ohne die Zweckbestimmung der obligatorischen Schulzeit zu verändern[24]"

Das Bewusstmachen dieser Realität ermöglicht es der Schule ihre Grenzen, aber auch ihre Chancen im Bereich der Begabungsförderung wahrzunehmen. Denn Schule hat - als Ort der Bildung schlechthin – die Aufgabe der bestmöglichen Förderung der ihr anvertrauten Kinder und Jugendlichen. Dazu gehört das Aufgreifen und Verwirklichen neuer Erkenntnisse und Forschungsergebnisse, wenn sie zum Wohl des Kindes sind. Wenn es der Schule gelingt, alle Kinder gemäß ihren Anlagen und Begabungen zu fördern – egal ob behindert oder hochbegabt – und dabei den ganzen Menschen in seiner geistigen, seelischen, körperlichen und ethischen Vielfalt zu fördern vermag, hat sie ihren gesetzlichen und moralischen Auftrag erfüllt. Unser Beitrag soll die Realisation dieses Auftrages ermöglichen helfen.

---

[24] Oelkers, Jürgen: Begabtenförderung ist nicht identisch mit Karriereplanung, Neue Zürcher Zeitung vom 3.1.98.

Die Notwendigkeit der Förderung von Begabungen

Bei Adalbert Stifter[25] findet sich der Satz: "Sie können auch nicht wissen, wie die Ergebnisse geworden wären, wenn ein anderer von gleicher Begabung, aber von größerer Gemütseignung für den Staatsdienst, oder wenn gar einer von auch noch größerer Begabung sie gefördert hätte. "

Das Erkennen von Begabungen darf nicht länger nur Zufällen überlassen werden. Es muss eines der zentralen Anliegen der gegenwärtigen Bildungspolitik sein, an der Verbreiterung und Verbesserung von Bildungsangeboten zu arbeiten, um allen Kindern und Jugendlichen eine ihren Fähigkeiten, Neigungen und Leistungsmöglichkeiten entsprechende Bildung zu ermöglichen. Zudem betont nicht nur die österreichische Gesetzgebung, sondern jedes Land innerhalb der Europäischen Union, dass jeder Mensch ein Recht auf die bestmögliche Ausbildung habe: „Das Recht auf Bildung darf niemandem verwehrt werden"[26]. Das österreichische Schulgesetz weist überdies

---

[25] Stifter, Adalbert: Der Nachsommer, S. 980. Digitale Bibliothek Band 1: Deutsche Literatur, S. 89344 (vgl. Stifter-GW Bd. 4, S. 711

[26] Aus dem Zusatzprotokoll zur Menschenrechtskonvention Artikel 2 vom 20. März 1952, dem Österreich 1958 beigetreten ist. Es wurde 1964 zusammen mit der Menschenrechtskonvention mit dem BGBl. 64/1964 in den Verfassungsrang erhoben

darauf hin, dass der Lehrer „...jeden Schüler nach Möglichkeit zu den seinen Anlagen entsprechenden besten Leistungen zu führen...“ hat[27].

Die Herausforderungen unserer Gesellschaft im Bereich des Bildungswesens können nur positiv bewältigt werden, wenn alle geistigen, kreativen und sozialen Ressourcen unserer Jugend bestmöglich gefördert werden. Begabungsförderung muss deshalb neben der Breiten- und Benachteiligtenförderung zu einem fixen und integralen Bestandteil einer zeitgemäßen Bildungspolitik werden.

Die Verankerung der Integration Behinderter ist bereits Realität geworden, denn in unserer demokratischen, auf christlichen und humanistischen Wertvorstellungen begründeten Gesellschaft sollte die Solidarität mit den Schwächeren selbstverständlich sein. Auch Breitenförderung ist in unseren zeitgenössischen Bildungsauffassungen als sinnvoll und nützlich anerkannt. Aber auch Kinder mit besonderen Begabungen haben ein Anrecht auf Förderung.

„Im wesentlichen sind es zwei Argumentationslinien, die angeführt werden können, um Begabtenförderung zu legitimieren. Einerseits kann man auf das Recht des einzelnen Begabten verweisen, andererseits auf das Interesse der Gesellschaft. Ich will mit letzterem

---

[27] § 17 Abs. 1 SCHUG

beginnen. Wie wir oben schon gesehen haben, gibt es Begabungen, die dem Gemeinwohl nützen - von Fortschritten in der Medizin profitieren potentiell alle, und es ist von einem nutzensummenutilitaristischen Standpunkt sinnvoll, derartige Begabungen zu unterstützen. Dass die Menschheit sich immer noch den Luxus leistet, einer Fülle begabter Kinder in armen Ländern selbst die Schulbildung zu verweigern, ist nicht nur zutiefst ungerecht, es ist auch unklug, denn Talente sind ein zu knappes Gut, als dass man es verschwenden könnte.[28]"

Ein Infragestellen der Förderung von besonderen Begabungen ist daher müßig. Unsere Gesellschaft braucht in allen Bereichen - Wirtschaft, Politik, Wissenschaft, Bildung, Kultur und Verwaltung - herausragende Leistungen. Insofern muss sich unsere Gesellschaft auch um die Förderung besonders Begabter bemühen, und sie sollte damit möglichst früh beginnen.

Allerdings ist in diesem Zusammenhang vor einer „Instrumentalisierung" begabter Kinder und Jugendlicher nachdrücklich zu warnen: Sie sollen in erster Linie um ihrer selbst willen gefördert werden. Die volle Entfaltung von

---

[28] Hösle, Vittorio: Chancen und Gefahren von Begabung und Begabungsförderung. Rede anlässlich der 50-Jahr-Feier des Evangelischen Studienwerks e. V. in Schwerte am 16. Mai 1998.

Fähigkeiten und Leistungsvermögen ist die Voraussetzung für die Herausbildung seiner Persönlichkeit und für ein verantwortungsvoll und sinnvoll gestaltetes Leben.

Kinder mit hoher Lernbereitschaft und Leistungsfähigkeit sind im Schulalltag nicht selten zu finden. Wenn man davon ausgeht, dass 10-15% der Grundschulkinder eine überdurchschnittliche Begabung haben, so ist die damit verbundene pädagogische Herausforderung anzunehmen.

Begabungs- und Begabtenförderung

Begabungen und Intelligenz sind immer nur Möglichkeiten, noch nicht effektive Leistungen. Das Kriterium „life success" wurde, wie Langzeitstudien beweisen, von vielen sogenannten Begabten nicht erfüllt. Selbstvertrauen, Ausdauer, Charakterstärke etc. sind entscheidende Faktoren, die mitentscheiden, welche individuellen Möglichkeiten tatsächlich und in welchem Ausmaß realisiert werden können. Das intellektuelle Klima der Schule, anregende Lehrer, eine sozial intakte Klassengemeinschaft etc. sind also mitentscheidende externe Faktoren. Was versteht man aber unter Begabung, unter besonderer Begabung? In der Öffentlichkeit werden häufig Auffassungen vertreten, die am Kern des Problems vorbeigehen. In einer

Sendung des WDR wurden jene Vorurteile aufgezählt, die die Förderung begabter Kinder oft genug erschweren:

- Hochbegabung soll übertriebener Ehrgeiz, soll Einbildung der Eltern sein.
- Hoch begabte Kinder schreiben nur Einser, müssen lernen sich anzupassen, sollen lieber raufen, anstatt so viel zu lesen, sollen und können sich selbst am besten helfen.
- Ein hoch begabtes Kind kann vielleicht mit einem Jahr perfekt sprechen, mit zwei Jahren vielleicht rechnen, mit drei Jahren vielleicht lesen. Es ist in der Regel brav und angepasst, das Leben im Kindergarten bereitet ihm an sich keine Schwierigkeiten, in der Schule gehört es zu den Besten.
- Es wird auch angeregt, hoch begabte Kinder zu bremsen, damit sie nicht zu arrogant werden, und ihre Lustlosigkeit resultiert aus übertriebenem Ehrgeiz der Eltern. [29]

---

[29] Hoch begabte Kinder. Besondere Fähigkeiten erkennen, akzeptieren und fördern. URL: http://www01.wdr.de/radio/wdr2/westzeit/psychologie990614. html, 5.3.2000

Faktoren der Begabung

Begabungen sind immer durch zwei Faktoren bestimmt. Als innere Voraussetzungen, also Bereiche, die in der Person liegen, gibt Christa Wöhrer folgende an:

- Die intellektuelle Denkfähigkeit, d.h. die einzelnen Begabungen oder die Begabung in allen Bereichen, ist gut und überdurchschnittlich entwickelt.
- Die Fähigkeit zur Stressbewältigung ist eine Voraussetzung, um gute Anlagen auch in belastenden Situationen einsetzen zu können
- Leistungsmotivation ist die Fähigkeit aufgabenorientiert an Problemstellungen herangehen zu können. Fleiß und Ehrgeiz kommen dabei zum Ausdruck.
- Lösungswege werden nicht nur auf bekannten Pfaden beschritten, oft ist es eine Herausforderung für hochbegabte Kinder und Jugendliche neue Lösungen für die Aufgabenstellungen zu suchen. Dazu ist kreatives Denken und Neugierde von Bedeutung.
- Anstrengungsbereitschaft und die Freude am Tun zeichnen hochbegabte Kinder und Jugendliche aus.
- Lernen will gelernt sein, dies gilt auch für Hochbegabte. Richtige Lernstrategien

sind effizient im Umgang mit den Lerninhalten, dies wiederum kann helfen, die Prüfungssituation bewältigen zu können.

- Um die eigenen Begabungen zu wissen, diese realistisch einschätzen und auch umsetzen zu können, ist die Fähigkeit zur Selbstkontrolle notwendig.
- Erfahrungen von Erfolg und Misserfolg sind mitverantwortlich für das Bild, das eine Person von sich entwickelt hat. Dieses Bild gibt uns Auskunft über unsere Fähigkeiten. [30]

Einflüsse von außen:

- Die Umweltbedingungen, die einen Menschen umgeben, beeinflussen ihn in seiner Entwicklung über die Lebensspanne hinweg. Unter Umweltbedingungen werden die ökologischen Bedingungen ebenso verstanden, wie materielle Voraussetzungen, kulturelle Gegebenheiten und die nähere und weitere das Individuum umgebende Sozietät.

---

[30] Wührer,Christa: Hochbegabungen erkennen. URL: http://www.wolfgang-schmid.de/hochbegabung.htm, 4.5.2000

- Die Familiensituation hat einen entscheidenden Einfluss auf die Entwicklung des Kindes.
- Wie weit schlummernde Fähigkeiten in einem Kind geweckt werden, hat auch mit der Situation in Kindergarten und Schule zu tun. Das Schulklima, die Fördermöglichkeiten, das Lernangebot, etc. sind nur einige Faktoren, die in der Schule von besonderer Bedeutung sind (können fördernde oder hemmende Wirkung auf die Entwicklung des Kindes haben).
- Der Einfluss des Freundeskreises ist ein ebenfalls bedeutsamer. Gleichaltrige, FreundInnen aus der Nachbarschaft, KameradInnen aus einem Verein, etc. haben in der Bewertungen von bestimmten Verhaltensweisen eine große Bedeutung. [31]

Entsprechende Forschungen und langjährige Praxis haben indessen gezeigt, dass das Phänomen menschlicher Begabung nicht mit einfachen Erklärungen erfassbar ist. Begabung setzt sich nach Ansicht zeitgenössischer Forscher aus einem Bündel komplexer Faktoren zusammen. Neben intellektuellen Fähigkeiten

---

[31] ebenda

gehören Motivation und Kreativität unverzichtbar dazu.

Die Begriffe Begabungsförderung und Begabtenförderung wurden und werden oft synonym gebraucht. Im engen Sinne versteht man jedoch unter Begabtenförderung die Förderung jener Begabten, die einen Intelligenzquotienten über 130 aufweisen[32]. Begabungsförderung versucht – im humanistischen, ganzheitlichen Sinn – den Menschen eine Förderung der in ihm vorhandenen Begabungen zu ermöglichen: Damit sind nicht nur intellektuelle Fähigkeiten erfasst, sondern auch Fähigkeiten im Bereich der Musikalität, des Sports, der sozialen Fähigkeiten und letztendlich auch im Bereich Ethik und Moral: Selbstvertrauen, Ausdauer, Charakterstärke etc. sind entscheidende Faktoren, die mitentscheiden, welche individuellen Möglichkeiten tatsächlich und in welchem Ausmaß realisiert werden können. Aus diesem Grund hat Begabungsförderung Rücksicht auf jene vier Faktoren zu nehmen, die - in Anlehnung an das multifaktorielle Münchner

---

[32] Tücke, Manfred: Psychologie in der Schule Psychologie für die Schule. Eine themenzentrierte Einführung in die Pädagogische Psychologie für (zukünftige) Lehrer. Münster 1998[2], S 146.

Begabungsmodell von Heller/Perleth[33] - folgende Bereiche umfassen:

- Berücksichtigung von Begabungen aus der Sicht multipler Intelligenzen,
- Umwelteinflüsse, wie das Familienklima, Frühförderung etc.,
- Nicht – kognitive Persönlichkeitsmerkmale in Form der Angst, Stressbewältigung, Motivation, Leistungsbereitschaft etc.,
- Messbare Leistungserfolge.

Beobachtung von Begabung durch den Lehrer

„Für die Beschreibung begabten Verhaltens sollte auch das Lehrerurteil endlich rehabilitiert werden. Die schlechten Zensuren, die das Lehrerurteil von vielen Psychologen erhält, beruhen nämlich häufig auf mangelhaften Messinstrumenten, die man Lehrkräften an die Hand gab (Hany, 1994). Wenn man jedoch anerkennen würde, dass Lehrkräfte über eine besondere Expertise in der Beschreibung und Beurteilung des Lernverhaltens ihrer Schüler verfügen, und man entsprechende Versuche einleitete, dieser Expertise habhaft zu werden,

---

[33] Zit. nach: Ulbricht, Helga: Hochbegabung - ein Thema für die Schulberatung. URL: http://www.schulberatung.bayern.de/llhob.htm 22.5.2000

würde die Begabungsdiagnostik sicherlich profitieren.

Forscher, die immer noch behaupten, mit Tests lasse sich Begabung besser beurteilen als durch das Lehrerurteil (z.B. Rost, 1991; Mönks 1991) werden durch ihre eigenen Studien widerlegt. Die von Rost durchgeführte Marburger Grundschulstudie ergab beispielsweise, dass die Ergebnisse von Intelligenztests durch andere Intelligenztests nicht besser vorhergesagt werden können als durch Lehreraussagen (Tests korrelieren mit Tests zwischen 0,34 und 0,53 und mit den Lehreraussagen zwischen 0,37 und 0,55 [Vgl. Wild 1991]. Dasselbe Ergebnis fand sich in anderen Studien im deutschen Sprachraum, z.B. Hany 1991)"[34]

▪ Zwischen Beobachtung und Beurteilung liegt jedoch ein weiter Weg. Da Begabung ein abstrakter Begriff ist, müssen Beobachtungen notgedrungen zu übergreifenden Beurteilungen verdichtet werden. Bei diesem Beobachtungsprozess sind mehrere Leistungen zu vollbringen:

▪ Aus dem „Verhaltensstrom" eines Menschen müssen immer wieder Einheiten

---

[34] Hany, E. A. (1994). Identifikation begabter Schülerinnen und Schüler durch Lehrkräfte. In: In: Oswald, Friedrich; Klement, Karl; Costazza, Mario (Hrsg.): Lehrerbildung zur Begabtenförderung und Identifikation von Begabungen. Wien 1995, Seite 146

durch gezielte Beobachtung herausgelöst werden.

- Um zu klären,, ob für das Verhalten eher die Person oder eher die Situation verantwortlich ist (in der Kirche verhält sich jeder anders als am Fußballplatz), ist eine kausale Analyse des Verhaltens vorzunehmen.
- Die einzelnen Beobachtungen müssen entsprechend ihrer Repräsentativität gewichtet und zu einem Gesamturteil kombiniert werden.
- Haben sich Beobachtungen zu einer Hypothese verdichtet, müssen nochmals gezielte Datensammlungen vorgenommen werden, um die Hypothese zu stützen oder zu entkräften.[35]

Mit Hilfe von Messinstrumenten sollte der Lehrer in der Lage sein, ein Expertenurteil zu erstellen. Insbesondere die Methode des „screening" and „searching" von Klement/Oswald könnte ein realistisches Modell für die Schulwirklichkeit darstellen.

---

[35]vgl. Hany, E. A.: Identifikation begabter Schülerinnen und Schüler durch Lehrkräfte. In: Oswald, Friedrich; Klement, Karl; Costazza, Mario (Hrsg.): Lehrerbildung zur Begabtenförderung und Identifikation von Begabungen. Wien 1995, Seite 189 ff.

Mönks[36] zitiert in Anlehnung an Webb folgende Persönlichkeitsmerkmale, die auch für Lehrer eine Hilfe zur Identifikation sein können:

Persönlichkeits-merkmale	Mögliche Verhaltensprobleme
Schnelle Informationsaufnahme und –verarbeitung	Wird ungeduldig, wenn andere langsamer sind; Routinelernen und Wiederholungen werden abgelehnt; Erlernen von Grundlagen wird als überflüssig erfahren.
Forschendes Verhalten und intellektuelle Neugier; intrinsische Motivation; der Sache auf den Grund gehen	Stellt "unverschämte" Fragen; dickköpfig; widersetzt sich Vorschriften; scheint unzählbare Interessen zu haben; erwartet Ähnliches von anderen.
Kann begrifflich, abstrakt und zusammenfassend denken; es macht Spaß, Probleme zu lösen und intellektuell zu sein.	Details werden für unwichtig gehalten; bezweifelt den Nutzen des Regelunterrichts; sieht den Sinn von Übung und Wiederholung nicht ein.
Ordnet und strukturiert gerne Menschen und	Entwirft komplizierte Regeln oder Systeme;

[36] Mönks, Franz J.: Sozial-emotionale Entwicklung hochbegabter Kinder und Jugendlicher. In: Oswald, Friedrich; Klement, Karl; Costazza, Mario (Hrsg.): Lehrerbildung zur Begabtenförderung und Identifikation von Begabungen. Wien 1995, Seite 156

Dinge; Neigung zum Systematisieren.	wird erfahren als dirigistisch, dominant und unwirsch.
Großer Wortschatz und kann gut formulieren; großes Wissen über verschiedene Sachgebiete.	Gebraucht verbales Talent, um unangenehmen Situationen aus dem Weg zu gehen; Schule und Altersgenossen werden als langweilig erfahren; wird von anderen als „Besserwisser" gesehen.
Kreativ und erfinderisch; liebt es, die Dinge „ganz anders" zu tun.	Was schon bekannt ist, braucht nicht aufs Neue getan zu werden; andere erfahren dies als unangepasstes und negatives Verhalten.
Sehr intensive Konzentration; große Aufmerksamkeitsspanne für Gebiete, die als interessant erfahren werden; zielgerichtetes Verhalten und Ausdauer.	Duldet keine Unterbrechung; in Perioden mit erhöhter Aufgabenzuwendung werden Pflichten und Menschen vernachlässigt; wird als dickköpfig erfahren.
Empfindlich und großes Einfühlungsvermögen; verlangt danach, von anderen akzeptiert zu werden.	Empfindlichkeit gegenüber Kritik und Abweisung durch Altersgenossen; erwartet, dass andere gleiche Werte vertreten; Verlangen nach Anerkennung; Gefühl der Verfremdung, „anders zu sein".

44

Hohes Maß an Energie, Aufmerksamkeit und Aktivitätsdrang; Perioden mit hoher Anspannung.	Nichtstun, Inaktivität führt zur Frustration; Aktivitätsdrang kann andere stören; Kann als hyperaktiv und dadurch als störend erfahren werden; fortwährende Suche nach Anregungen.
Hohes Maß an Selbständigkeit; bevorzugt individuelles Arbeiten; großes Selbstvertrauen.	Kann Anregungen von Seiten der Eltern und Klassengenossen als „unnötig" abweisen; legt unkonventionelles Verhalten an den Tag.
Viel Sinn für Humor	Erkennt die Absurditäten von Situationen; Humor wird oft nicht von Erwachsenen und Klassenkameraden als solcher erkannt; kann möglicherweise zum Klassenclown werden, um Aufmerksamkeit zu bekommen.

In der Praxis könnten ebenfalls folgende Übersichten bei der Identifikation nützlich sein:[37]

Merkmale des Lernens bei motivierten, hoch begabten Kindern:

- Sehr hohes Detailwissen in einzelnen Bereichen
- Ungewöhnlich großer Wortschatz für ihr Alter
- Ausdrucksvolle, ausgearbeitete und flüssige Sprache
- Schnelles Merken von Fakten
- Schnelles Durchschauen von Ursache – Wirkung – Beziehungen
- Suche nach Gemeinsamkeiten und Unterschieden
- Schnelle Erkennen von grundlegenden Prinzipien
- Schnelles Herstellen gültiger Verallgemeinerungen
- Gute Beobachtungsgabe
- Lesen viel und vor allem Bücher, die über ihre Altersstufe deutlich hinausgehen
- Denken kritisch, unabhängig und wertend

---

[37] Vgl. dazu die Sendung des ZDF; URL: http://www.zdf.de/ratgeber/aktuell/vollekanne/32551/; 24.6.2000

Merkmale der Arbeitshaltung und Interessen

- Hoch Begabte gehen in Problemen völlig auf, wenn sie motiviert sind
- Sie wollen Aufgaben immer vollständig lösen
- Routineaufgaben langweilen leicht
- Sie streben nach Perfektion
- Sie sind selbstkritisch
- Sie arbeiten gern unabhängig, um Probleme durchdenken zu können
- Sie setzen hohe Leistungsziele, die sie mit einem Minimum an Anleitung und Hilfe durch Erwachsene erreichen
- Sie interessieren sich für „Erwachsenen"-Themen (Umweltfragen, Politik, Religion, Philosophie, Sexualität, Gerechtigkeit u.a.)

Merkmale des sozialen Verhaltens

- Häufige Beschäftigung mit Begriffen wie Gerechtigkeit, Gut-Böse, Recht-Unrecht
- Ausgeprägtes Moralbewusstsein und grundsätzliche Ablehnung körperlicher Gewalt
- Individualismus
- Prüfen Meinungen von Autoritäten, bevor sie sie akzeptieren

- Übernehmen Verantwortung
- Zuverlässig in Planung und Organisation
- Bevorzugen meist ältere Spielgefährten oder Erwachsene, sind auf der Suche nach Gleichbefähigten
- Wollen über ihre Situation selbst bestimmen
- Können sich in andere einfühlen und sind daher für politische und soziale Probleme aufgeschlossen

Begabung und Intelligenz

Ebenso erscheint eine exakte Definition sowie eine begriffliche Klärung von Begabung und Intelligenz notwendig, da beide Begriffe ebenfalls oft synonym verwendet werden. Im Anschluss an die Forschungen von Charles Darwin über die Evolutionstheorie mit dem ihr zugrunde liegenden Prinzip der natürlichen Selektion wurde der Begriff „Intelligenz" zum Gegenstand der Forschungen. Francis Galton (1822-1911) unternahm die ersten Versuche, Intelligenz wissenschaftlich zu messen, was die Entwicklung der ersten Intelligenztests ermöglichte. So entwickelten Binet 1916, Terman 1916 und Wechsler 1939 jeweils Tests zur Messung der Intelligenz, so dass schließlich

Intelligenzmessung zu einem fixen Bestandteil der Psychologie wurde.

Neben dieser Intelligenzmessung traten jedoch immer mehr Fragen der praktischen Anwendung und Umsetzung dieses Intelligenzmaßes in den Vordergrund. Hier sind insbesondere die Arbeiten Robert Sternberg[38] zu nennen, der sich insbesondere mit den Möglichkeiten der Informationsverarbeitung beschäftigte.

Diese praktische Sichtweise der Intelligenz wurde auch für Howard Gardner[39] zur Grundlage seiner Forschung. Seine Entdeckung der „multiplen Intelligenzen" führte zu einer neuen Sichtweise der Intelligenz. Es zählte nun nicht mehr ausschließlich der Intelligenzquotient als Maß der Begabung, auch soziale und

---

[38] Sternberg, Robert J.: Beyond IQ. New York 1985.
Sternberg, Robert J.: Intelligence, information processing, and analogical reasoning. Hillsdale, 1977;
Sternberg, Robert J. (Hrsg.): Handbook of human intelligence. New York, 1982;
[39] Vgl. dazu: Gardner, Howard; Hatch, Thomas: Multiple Intelligences Go To School: Educational Implications of the Theory of Multiple Intelligences. URL: http://www.edc.org/CCT/ccthome/reports/tr4.html, 2.1.1999
Gardner, Howard u.a.: Waves and streams of symbolization. In: RUGERS R. (Hrsg.): The acquisition of symbolic skills, London 1983; Gardner, Howard: Frames of Mind. New York, 1983;
Gardner, Howard: Symposium on the theory of multiple intelligences. In: Perkins, O (Hrsg.): Thinking: the second international conference. Hillsdale 1987, S 77-101;
Gardner, Howard: Die Rahmentheorie der vielfachen Intelligenz. Stuttgart 1994.

ganzheitliche Anlagen sollten erfasst werden. In seinen Forschungsarbeiten entwickelte Gardner acht multiple Intelligenzen:

♦ Körperlich - kinesthetische Intelligenz
Kinder, die diesem Gebiet auf begabt sind, lernen am besten durch schöpferische Bewegung, Drama, Rollenspiel und sportliche Aktivitäten.

♦ Zwischenmenschliche (soziale) Intelligenz
Diese Kinder lernen durch Tun von und mit anderen. Sie können sich gut mitteilen, vermitteln oft bei Konflikten und zeigen Verständnis für die Gefühle anderer.

♦ Intrapersonale Intelligenz
Kinder, die ein starkes Selbstwertbewusstsein haben. Diese Kinder brauchen die Freiheit, ihre eigenen Interessen zu verfolgen oder ihre eigenen Aktivitäten zu entwickeln.

♦ Linguistische (sprachliche) Intelligenz
Kinder mit hoher linguistischer Intelligenz lernen schnell durch Zuhören, Sprechen, und Lesen. Sie werden von Büchern und

Wortspielen oft motiviert, beteiligen sich oft an Diskussion und schreiben gerne.

♦ **Logisch - mathematische Intelligenz**

Kinder, die stark auf diesem Gebiet sind, denken konzeptionell. Sie erforschen Muster und Beziehungen durch Experimentieren mit ihrer Umgebung. Oft findet man hier Kinder, die an Logikrätseln arbeiten, Schach spielen oder sich mit philosophischen Fragestellungen beschäftigen.

♦ **Musikalische Intelligenz**

Kinder, die musikalisch begabt sind, lernen gut durch Rhythmus und Melodie. Sie verstehen schneller, wenn etwas gesungen wird, rhythmische ist oder auf einem Instrument gespielt wird.

♦ **Räumliche Intelligenz**

Kinder mit räumlicher Intelligenz denken visuell. Sie lernen durch Bilder, Farbe, und Metapher.

♦ **Naturalistische Intelligenz**

1996 von Gardner hinzugefügt: Sammeln von Daten in Flora und Fauna, Kategorisieren, Auswerten, Beobachten.

Die Umsetzung und Förderung dieser multiplen Intelligenzen nach Gardner kann auch in Rahmen des herkömmlichen Unterrichts erfolgen:

♦ **Visuell/räumliche Intelligenz:**
Verwenden Sie Diagramme, Karten, Bilder, Videos und bringen Sie in die Klasse stimulierendes Material an: Übersichten, Plakate....

♦ **Musikalisch/auditive Intelligenz:**
Geschichten erzählen, Lieder singen, Musikspiele. In diesem Bereich fällt auch die richtige Betonung, Lautstärke der Stimme.

♦ **Kinesthetische Intelligenz:**
Berühren können, Lernvorgänge mit Aktivitäten und Bewegung verbinden, Rollenspiele im Unterricht.

♦ **Interpersonale Intelligenz:**
Viele Menschen und Kinder lernen an besten durch Interaktion mit anderen. Projekte, Partner und Gruppenaufgaben, kommunikative Unterrichtsformen

♦ Intrapersonale Intelligenz:
Fähigkeit durch Reflexion Dinge zu begreifen. Viele Menschen, brauchen Zeit zur Reflexion, um Dinge begreifen zu können.

♦ Survival Intelligenz:
Darunter versteht man die Fähigkeit aus Fehlern lernen zu können. Eine unterstützende Lernumgebung und der Schutz der Gruppe fördern die Sicherheit, aus Fehlern lernen zu können und auch die Risikobereitschaft, Dinge zu erproben.

♦ Emotionale Intelligenz:
Kommunikative Gruppenarbeit und das Feedback, das aus dieser Gruppe kommt, ermöglichen es, mit Emotionen umgehen zu lernen und die Bedürfnisse anderer zu erkennen.

♦ Naturalistische Intelligenz:
Lassen Sie die Kinder Daten sammeln, ermöglichen Sie Aufzeichnungen über Wetter, Schulgarten etc.

Gardners Arbeiten werden dabei durch die Kritik am Absolutieren des Intelligenzquotienten in den letzten Jahren bestätigt. Dass der Intelligenzquotient insbesondere als

Vorhersageindikator ungeeignet ist, lassen folgende Punkte erkennen:

♦ Der Intelligenzquotient ist für begabungsdiagnostische Aussagen unzureichend. Als globales Fähigkeitsmaß liefert er weder differenzierte Informationen über Intelligenzbesonderheiten noch über das Zustandekommen eines Intelligenztestresultates.

♦ Die alleinige Orientierung auf Intelligenzmessung ist unzureichend, da Begabung nicht auf Intelligenz reduzierbar ist. Das heutige Verständnis von Begabung impliziert auch Interaktionsbeziehungen im Mensch-Umwelt System.[40]

Begabung und Umwelt

Begabungsförderung hat sich auch immer der Kritik im Bereich Anlage und Umwelt zu stellen. „Die Schlüsselrolle, die Begabung für Schulerfolg spielt, und der Umstand, dass sozialer Status weitgehend über den erreichten Bildungsstand zugänglich wird, machen das hohe emotionale Engagement verständlich, mit dem seit beinahe hundert Jahren in fast

---

[40] Hany, Ernst A.; Schaarschmidt, Uwe: Begabte Kinder in der Grundschule. In: Lompscher, Joachim u.a. (Hrsg.).: Leben, Lernen und Lehren in der Grundschule, Berlin 1997, S 315 f.

regelmäßigem Zyklus der Streit um die
'Erblichkeit' der Begabung aufbricht"[41]
Tendierte man in Anschluss an Roth[42] an eine
Überbetonung der Umwelt, so hat das Buch von
Harris[43] insoferne Aufsehen erregt, als es von
einem Primat der Anlage ausgeht.

Solange dieser Bereich auf Hypothesen beruht,
kann nur als Arbeitshypothese gelten, dass die
Entwicklung der Persönlichkeit des Menschen
zunächst sowohl Prozess als auch Resultat einer
aktiven Auseinandersetzung des sich
entwickelnden Individuums mit seiner Umwelt
ist.[44]

Das bedeutet letztendlich, dass sowohl
Begabungen – wie breitgestreut diese auch
immer sein mögen – als auch das Herstellen von
geeigneten Lernbedingungen miteinander
korrespondierend gefördert werden müssen.
Denn „wieviel an der Begabung genetisch,
wieviel durch Erziehung und soziales Umfeld
bedingt ist, kann in diesem Zusammenhang

---

[41] Skowronek, Helmut: Begabung. In: Lenzen, Dieter (Hrsg.):
Pädagogische Grundbegriffe, Reinbek bei Hamburg 1989, S
151.
[42] Roth Heinrich (Hrsg.): Begabung und Lernen. Ergebnisse
und Folgerungen neuer Forschungen. Stuttgart (Klett) 1972, 8.
Auflage, 1968.
[43] Harris, Judith Rich: The Nurture Assumption. New York
1998
[44] Giest, Hartmut; Klewitz, Elard: Erschließung der Umwelt.
In: Lompscher, Joachim u.a. (Hrsg.): Leben, Lernen und
Lehren in der Grundschule, Berlin 1997, S 243.

offen bleiben; denn Begabungsförderung bleibt auch dann sinnvoll, wenn der sozial beeinflussbare Teil klein, aber eben nicht verschwindend gering ist. Wolfgang Amadeus Mozarts Begabung war sicher angeboren, aber ohne ihre Förderung durch Leopold Mozart hätte sie sich weniger entfalten können"[45]

Ethische und soziale Begabungen

Begabungen beschränken sich nicht auf kognitive und psychomotorische Bereiche. Als Sozialwesen ist der Mensch eingebunden in Werte und Maßstäbe einer Gesellschaft. Alarmierend die am 3.1.1997 in den Medien veröffentliche IMAS-Untersuchung über Werteinstellungen der Kinder:

Viel Geld verdienen, gute Freunde, immerwährende Gesundheit, ein eigenes Haus und ein dickes Auto sind die wichtigsten Lebensziele der 7- bis 15jährigen von heute. Mit der Umwelt und mit sozialem Engagement hat die kommende Generation der Werktätigen eher wenig am Hut (Kurier, 1997, online).

Nicht das Streben nach materiellen Gütern beweist in diesem Zusammenhang den Sinnverlust der Kinder, sondern die Tatsache,

---

[45] Hösle, Vittorio: Chancen und Gefahren von Begabung und Begabungsförderung. Rede anläßlich der 50-Jahr-Feier des Evangelischen Studienwerks e. V. in Schwerte am 16. Mai 1998.

das Geld vor Werten wie Freundschaft und Familie rangiert. Denn letztendlich hat die Schule auch den Auftrag, emotionale und affektive Lernbereiche zu fördern.

Candee[46], der sich speziell mit der moralischen Erziehung in der medizinischen Fortbildung beschäftigte, entwickelte ein spezielles Interventionsprogramm, mit dessen Hilfe nicht nur das moralische Urteilsniveau des medizinischen Personals angehoben werden sollte, sondern generell das berufliche Handeln verbessert werden sollte. Denn offenbar wirkt sich eine pädagogische Förderung des moralischen Denkens generell auf die gesamte Berufstätigkeit positiv aus ($r = .38$ bis $.51$)!

Eine Möglichkeit, ein Instrumentarium für den ethischen Bereich zu entwickeln, stellt die Taxonomie für Lernziele aus dem affektiven Bereich dar. Diese wurde im Anschluss an die Taxonomie von Lernzielen im kognitiven Bereich von Krathwohl, Bloom und Masia (1975) entwickelt. Auch dieser Bereich ist charakterisiert durch eine hierarchische Struktur, die auf dem Prozess der Internalisation fußt, d.h. den Prozess des inneren Wachstums des Individuums, der letztlich mit der Entwicklung einer eigenen Lebensphilosophie endet. Je höher

---

[46] Zit. nach Batisweiler, G.: Kritikpunkte an Kohlbergs Theorie. URL: http://www.unibw-muenchen.de/campus/Paed/we1/tes/kohl.htm; 21.5.2000

ein Individuum oder die von ihm erreichten Lernziele in diese Taxonomie eingeordnet werden können, desto mehr kann man es als eine Persönlichkeit bezeichnen.

In einer Zeit der wachsenden Depersonalisierung bekommt gerade dieser Bereich eine immer wichtiger werdende Funktion.

Identifikation von Begabungen in der Primar- und Sekundarstufe

Wie wir bis jetzt gesehen haben, sind in den meisten Fällen Begabungen sehr schwer erkennbar. Da insbesondere hochbegabte Schüler mit ihren vernetzenden Denkstrukturen lieber weiterdenken als wiederholen, fällt ihnen häufig eine gute Reproduktion schwer. Um zu einem Ergebnis zu kommen, benötigen sie z.B. nur wenig Zwischenschritte. In den Arbeiten werden jedoch Zwischenschritte mit Punkten versehen. Oft steht unter den Arbeiten: Ergebnis richtig, Punktzahl nicht erreicht. Fragen in den Arbeiten sind von Lehrerkräften oft nicht eindeutig formuliert, ein Freiraum des Denkens für hochbegabte Kinder. Ergebnis: Zensur mäßig.

Das unentwegte Wiederholen bereits erfassten Wissens treibt viele hochbegabte Kinder in die Demotivation. Das ständige Querfragen dieser Kinder im Unterricht stört Lehrer und Kinder und wird häufig als Aufsässigkeit beurteilt. Eine

Disziplinierung über Zensuren wird gehäuft beobachtet. Das hochbegabte Kind stellt seine Mitarbeit ein oder versucht, seine geistige Möglichkeit im Streit mit den Lehrkräften zu trainieren.

Für die Arbeit in der Schule kommen folgende Möglichkeiten in Frage:[47]
SEARCHING nach CLARK
(Groberfassung begabter Kinder)

Lehrer:.................................
Klasse/Schulstufe(n)...................
Schule:................................

Auf welche Kinder Ihrer Klasse treffen folgende Eigenschaften vollkommen oder auch nur teilweise zu?

(1) Sie versuchen, Dinge in unterschiedlicher, ungewöhnlicher Art und Weise anzugehen; haben einen ungewöhnlichen Sinn für Humor; freuen sich über spontane Einfälle und ungewöhnliche Aktivitäten; lieben Abwechslung

---

[47] Vgl. zum folgenden: Klement, Karl: Pädagogisch – ganzheitlich orientierte Identifizierung von Begabungen. In: Oswald, Friedrich; Klement, Karl; Costazza, Mario (Hrsg.): Lehrerbildung zur Begabtenförderung und Identifikation von Begabungen. Wien 1995, Seite 215-234

und Neuerungen; stellen ihre Umgebung durch selbstkonstruierte Probleme auf die Probe.
Namen:...

(2) Sie stellen viele Fragen; zeigen deutliches Interesse an bestimmten Themen; liefern immer wieder Informationen, die sie sich aus Medien, Büchern Gesprächen angeeignet haben; wollen immer wieder Begründungen hören; werden durch Ungerechtigkeiten ungewöhnlich erschüttert; kritisieren andere ob ihrer "dummen Ideen"; scheinen Einzelgänger zu sein; diskutieren gerne und ausdauernd; lieben Puzzles und Denkaufgaben; beschäftigen sich mit dem Computer; haben immer eigene Ideen, wie etwas getan werden sollte.
Namen:...

(3) Sie organisieren und leiten Gruppenaktivitäten (Projekte); freuen sich an Herausforderungen; erscheinen selbstbewusst; treffen gerne Entscheidungen und stehen zu ihren Entschlüssen; bringen verschiedene Meinungen und Ideen auf einen Nenner.
Namen:...

(4) Sie beschäftigen sich mit Musik; singen rein und können ihre Stimme halten; spielen ein Instrument sehr gut; haben Empfindsamkeit für Klang und Bewegung.

Namen:..

Sie beschäftigen sich mit Malen, Gestalten; haben Sinn für Farben und Formen.

Namen:..

Sie verkleiden sich gerne; tragen Gedichte vor; lieben Rollenspiele.

Namen..

(5) Sie haben Spaß an Bewegung; sind auffallend gute Sportler:

Sportart:.....................Namen: ....

Turngerät:.....................Namen:.........................

(6) Sie schreiben gerne; obwohl ihre Texte - mehr oder weniger häufig - gegen Sprach- und Schreibrichtigkeit verstoßen, sind sie Ausdruck des eigenen Selbst, eine interessante Vermittlung ihrer Sicht der Dinge.

Namen:..

Checkliste für Lehrer

ERSTELLUNG   EINES
BEGABUNGSPROFILS

Name:......................................

Alter:..

Geschlecht:..............................

Schule:.....................................

Beobachtungs-merkmale	sehr schwach	schwach	Durch-schnitt	gut	hervor-ragend
Sprachgewandt-heit					
Argumentations-fähigkeit					
schnelle Auffassungsgabe					
Vorstellungskraft					
Merkfähigkeit					
Beobachtungsgabe					
Konzentration					
Fragehaltung					
Originalität von Vorschlägen					
Interessensvielfalt					
Problemlösungs-verhalten					
Leseverständnis					
Routinearbeiten					

Beobachtungsmatrix

	Kind	Peers	Eltern	Lehrer	Eigene Wahr-nehmung	Test
Verhalten im Unterricht						
Leistungs-fähigkeit						
Beziehung zum Lehrer						
Beziehung zu Eltern						
Erziehungs Verhalten						
Besondere Auffällig-keiten						
Pausen - Freizeit-verhalten						

Johann Pehofer

Begabungsförderung
- Chance für eine neues Europa

Einführung

Eines der zentralen Ziele der gegenwärtigen Bildungspolitik muss es sein, an der Verbreiterung und Verbesserung von Bildungsangeboten zu arbeiten, um allen Kindern und Jugendlichen eine ihren Fähigkeiten, Neigungen und Leistungsmöglichkeiten entsprechende Bildung zu ermöglichen. Zudem betont nicht nur die österreichische Gesetzgebung, sondern jedes Land innerhalb der Europäischen Union, dass jeder Mensch ein Recht auf die bestmögliche Ausbildung habe: „Das Recht auf Bildung darf niemandem verwehrt werden."[48] Das österreichische Schulgesetz weist darauf überdies darauf hin, dass der Lehrer „...jeden Schüler nach Möglichkeit zu den seinen Anlagen

---

[48] Aus dem Zusatzprotokoll zur Menschenrechtskonvention Artikel 2 vom 20. März 1952, dem Österreich 1958 beigetreten ist. Es wurde 1964 zusammen mit der Menschenrechtskonvention mit dem BGBl. 64/1964 in den Verfassungsrang erhoben.

entsprechenden besten Leistungen zu führen..." hat.[49]

Die Europäisierung des Bildungswesens kann nur positiv bewältigt werden, wenn alle geistigen, kreativen und sozialen Ressourcen unserer Jugend bestmöglich gefördert werden. Begabungsförderung muss deshalb neben der Breiten- und Benachteiligtenförderung zu einem fixen und integralen Bestandteil einer zeitgemäßen Bildungspolitik werden.

Die Verankerung der Integration Behinderter ist bereits Realität geworden, denn in unserer demokratischen, auf christlichen und humanistischen Wertvorstellungen begründeten Gesellschaft sollte die Solidarität mit den Schwächeren selbstverständlich sein. Auch Breitenförderung ist in unseren zeitgenössischen Bildungsauffassungen als sinnvoll und nützlich anerkannt. Aber auch Kinder mit besonderen Begabungen haben ein Anrecht auf Förderung.

„Im wesentlichen sind es zwei Argumentationslinien, die angeführt werden können, um Begabtenförderung zu legitimieren. Einerseits kann man auf das Recht des einzelnen Begabten verweisen, andererseits auf das Interesse der Gesellschaft. Ich will mit letzterem beginnen. Wie wir oben schon gesehen haben, gibt es Begabungen, die dem Gemeinwohl nützen - von Fortschritten in der Medizin

---

[49] Vgl. § 17 Abs. 1 SCHUG

profitieren potentiell alle, und es ist von einem nutzensummenutilitaristischen Standpunkt sinnvoll, derartige Begabungen zu unterstützen. Daß die Menschheit sich immer noch den Luxus leistet, einer Fülle begabter Kinder in armen Ländern selbst die Schulbildung zu verweigern, ist nicht nur zutiefst ungerecht, es ist auch unklug, denn Talente sind ein zu knappes Gut, als daß man es verschwenden könnte.“[50]

Ein Infragestellen der Förderung von besonderen Begabungen ist daher müßig. Unsere Gesellschaft braucht in allen Bereichen - Wirtschaft, Politik, Wissenschaft, Bildung, Kultur und Verwaltung - herausragende Leistungen. Insofern muss sich unsere Gesellschaft auch um die Förderung besonders Begabter bemühen, und sie sollte damit möglichst früh beginnen.

Allerdings ist in diesem Zusammenhang vor einer „Instrumentalisierung“ begabter Kinder und Jugendlicher nachdrücklich zu warnen: Sie sollen in erster Linie um ihrer selbst willen gefördert werden. Die volle Entfaltung von Fähigkeiten und Leistungsvermögen ist die

---

[50] Hösle, Vittorio: Chancen und Gefahren von Begabung und Begabungsförderung. Rede anlässlich der 50-Jahr-Feier des Evangelischen Studienwerks e. V., in Schwerte am 16. Mai 1998.
URL: www.evstudienwerk.de/veranstaltungen/rede_hoe.txt , 27.12.1998.

Voraussetzung für die Herausbildung seiner Persönlichkeit und für ein verantwortungsvoll und sinnvoll gestaltetes Leben.

Kinder mit hoher Lernbereitschaft und Leistungsfähigkeit sind im Schulalltag nicht selten zu finden. Wenn man davon ausgeht, dass 10-15% der Grundschulkinder eine überdurchschnittliche Begabung haben, so ist die damit verbundene pädagogische Herausforderung anzunehmen[51].

Der Weg zur gegenwärtigen Begabungsförderung

Europa – der Name jener phönikischen Prinzessin, die Zeus in Gestalt eines Stieres nach Kreta getragen hat -, wird nicht nur dem Namen nach von der Geschichte beeinflusst. Das Erbe der europäischen Geschichte umfasst nicht nur Bereiche der Philosophie, der Religion, der Staatssysteme und Weltanschauungen und deren wechselseitige Beeinflussung, sondern auch die Pädagogik und somit den hier dargestellten Bereich der Begabungsförderung.

Den Begriff der Begabung – d.h. Fähigkeiten zu qualifizierten Leistungsvollzügen in den

---

[51] Vgl. dazu: Tücke, Manfred: Psychologie in der Schule – Psychologie für die Schule. Eine themenzentrierte Einführung in die Pädagogische Psychologie für (zukünftige) Lehrer. Münster 1998[2], S 145.

verschiedenen Kulturgebieten[52] - finden wir bereits in der Antike. Nicht nur bei Platon finden wir in Phaidros und Protagoras Hinweise auf Gedanken zu Anlage und Begabung, sondern auch bei Aristoteles und Demokrit aus Abdera. Platon verknüpfte damit jedoch in seiner Phaidea – dem Weltbild seiner Zeit entsprechend – den Elitebegriff: „Wenn nicht Philosophen zu Königen werden oder Philosophen zu Königen, nimmt das Unheil kein Ende."[53]

So spricht er nur den Philosophen Bildung zu: „Ein platonischer Elitenbegriff hat seit je das Bildungssystem bestimmt. Die Besten, von Plato als Philosophen bezeichnet, sollten die höchste Bildung erhalten und so die Elite darstellen. Aus dieser Idee entstand ein bis heute andauerndes Dilemma: Entweder sind die «Besten» sortiert, bevor die «höhere Bildung» einsetzt, dann müssten sie durch ihre Natur bestimmt sein; oder aber die Bildung selbst legt fest, wie die «Besten» zu sein haben, dann ist sie unter Selektionsdruck gestellt, weil sich jeder als dazu auserwählt betrachten kann. Die Natur als Garant der Begabung würde ausfallen. Mit der Etablierung eines staatlich organisierten, expansiven Bildungssystems seit Mitte des 19.

---

[52] Arnold, Wilhelm: Lexikon der Psychologie, Band 1, Freiburg-Basel-Wien, 1987, Seite232 f.
[53] Vgl. : Orthbandt, Eberhardt: Geschichte der großen Philosophen, Hanau, o.J., S153.

Jahrhunderts ist der Zusammenhang von «Elite» und «Begabung» zur geregelten Größe geworden. Der maßgebende Bildungsbegriff war lange Zeit ein Verteilungsbegriff: Man vermutete wenige überdurchschnittlich Begabte, weil das Gymnasium nur wenig Plätze zu verteilen hatte. Die Masse der Schulkinder sollte das Volksschulniveau erreichen und erhielt eine entsprechende Begabungszuteilung. Eine langsam wachsende Mitte bestimmte die Sekundarschulzuweisung."[54]

Das Kriterium der Auslese und des beschränkten Bildungszuganges bestimmte das Denken über Jahrhunderte. Es erfolgte erst Ende der 60er Jahre eine Revision des Begabungsbegriffs: Eine soziologisch gestützte Einsicht in den Zusammenhang zwischen Sozialschicht und Bildungschancen löste den herkömmlichen statischen Begabungsbegriff ab. Heinrich Roth ging davon aus, dass die Entwicklung des Individuums von der Umwelt entscheidend mitbedingt wird. "Begabung" wurde demnach als etwas Dynamisches angesehen, das durch Lernen hervorgebracht wird.[55] Er forderte „einen pädagogischen Begabungsbegriff im

---

[54] Oelkers, Jürgen: Begabtenförderung ist nicht identisch mit Karriereplanung, Neue Zürcher Zeitung vom 3.1.98 URL:www-x.nzz.ch/format/articles/23.html , 28.12.1998
[55] Roth, Heinrich (Hrsg.): Begabung und Lernen. Ergebnisse und Folgerungen neuer Forschungen. Stuttgart 1972[8].

dynamischen Sinne als 'eine Gabe verleihen', einer 'Erwerbung von außen'."[56]

Die damit verbundene Idee eines gemeinsamen Wissenserwerbs – der in vielen Ländern zu geschlossenen Curricula führte - wurde letztendlich in den letzten Jahren für den Bildungserwerb als zweifelhaft angesehen. Die stärkere Betonung des Individuums führte schließlich auf der einen Seite zu schülerzentrierten Formen der Differenzierung und Individualisierung, auf der anderen Seite zur Wiedereinführung von Lehrplänen in der Verantwortung der Lehrer.

Intelligenz und Begabung

Im Anschluss an die Forschungen von Charles Darwin über die Evolutionstheorie mit dem ihm zugrunde liegenden Prinzip der natürlichen Selektion wurde der Begriff „Intelligenz" zum Gegenstand der Forschungen. Francis Galton (1822-1911) unternahm die ersten Versuche, Intelligenz wissenschaftlich zu messen, was die Entwicklung der ersten Intelligenztests ermöglichte. Diese Tests zur Messung der Intelligenz wurden in der ersten Hälfte unsere Jahrhunderts entwickelt und erprobt, so dass

---

[56] Roth, Erwin, Zsifkovics, Mercedes: Intelligenz, Begabung und Umwelt. In: Roth, Leo (Hrsg): Pädagogik. Handbuch für Studium und Praxis. München 1991, S 134.

schließlich Intelligenzmessung zu einem fixen Bestandteil der Psychologie wurde.

Neben dieser Intelligenzmessung traten jedoch immer mehr Fragen der praktischen Anwendung und Umsetzung dieses Intelligenzmaßes in den Vordergrund. Hier sind insbesondere die Arbeiten Robert Sternbergs[57] zu nennen, der sich insbesondere mit den Möglichkeiten der Informationsverarbeitung beschäftigte.[58]

Diese praktische Sichtweise der Intelligenz wurde auch für Howard Gardner [59] zur

---

[57] Vgl.: Sternberg, Robert J.: Intelligence, information processing, and analogical reasoning. Hillsdale, 1977; Sternberg, Robert J. (Hrsg): Handbook of human intelligence. New York, 1982; Sternberg, Robert J.: Beyond IQ. New York 1985.

[58] Vgl.: Gardner, Howard; Hatch, Thomas:Multiple Intelligences Go To School: Educational Implications of the Theory of Multiple Intelligences.
URL: http://www.edc.org/CCT/ccthome/reports/tr4.html, 2.1.1999

[59] Vgl.: Gardner, Howard u.a.: Waves and streams of symbolization. In: Rugers R. (Hrsg): The acquisition of symbolic skills, London 1983; Gardner, Howard: Frames of Mind. New York, 1983; Gardner, Howard: Symposium on the theory of multiple intelligences. In: Perkins, O (Hrsg): Thinking: the second international conference. Hillsdale 1987, S 77-101; Gardner, Howard: Die Rahmentheorie der vielfachen Intelligenz. Stuttgart 1994. Gardner unterscheidet in seinen Arbeiten folgende Teilbereiche der Intelligenz:
- Linguistische Intelligenz,
- Musikalische Intelligenz,
- Logische Intelligenz,
- Räumliche Intelligenz,
- Körperlich-kinesthetische Intelligenz,
- Intrapersonale Intelligenz,

Grundlage seiner Forschung. Seine Entdeckung der „multiplen Intelligenzen" führte zu einer neuen Sichtweise der Intelligenz. Es zählte nun nicht mehr ausschließlich der Intelligenzquotient als Maß der Begabung, auch soziale und ganzheitliche Anlagen sollten erfasst werden.

Seine Arbeiten werden dabei durch die Kritik am Absolutieren des Intelligenzquotienten in den letzten Jahren bestätigt. Dass der Intelligenzquotient insbesondere als Vorhersageindikator ungeeignet ist, lassen folgende Punkte erkennen:

- Der Intelligenzquotient ist für begabungsdiagnostische Aussagen unzureichend. Als globales Fähigkeitsmaß liefert er weder differenzierte Informationen über Intelligenzbesonderheiten noch über das Zustandekommen eines Intelligenztestresultates.

- Die alleinige Orientierung auf Intelligenzmessung ist unzureichend, da Begabung nicht auf Intelligenz reduzierbar ist.

- Interpersonale Intelligenz,
- Naturalistische Intelligenz (von Gardner 1996 hinzugefügt): Sammeln von Daten in Flora und Fauna, Kategorisieren, Auswerten, beobachten.

- Das heutige Verständnis von Begabung impliziert auch Interaktionsbeziehungen im Mensch-Umwelt System.[60]

Tatsächlich lässt der Intelligenzquotient allein keine folgerichtigen Schlüsse zu. Die Entdeckung weiterer wichtiger Komponenten des Erfolgs[61] zeigt die Komplexität von Begabung und Erfolg auf. Daher „ist es nicht widersprüchlich zu sagen, daß manchmal (im engeren Sinne) höher Begabte (im weiteren Sinne) weniger begabt sind; ja, es ist vielmehr ein Topos der Begabungsforschung, daß z.B. Kinder mit einem Intelligenzquotienten über 180 es oft schwerer haben, mit ihrer Begabung produktiv umzugehen, als weniger , aber immer noch überdurchschnittlich begabte. Leta Stetter Hollingworth, die Klassikerin auf diesem Gebiete, bezeichnete einen IQ zwischen 125 und 155 als ´socially optimal intelligence´ - wobei es natürlich auch und gerade von den gesellschaftlichen Institutionen und Rahmenbedingungen abhängt, inwieweit

---

[60] Vgl. Hany, Ernst; Schaarschmidt, Uwe: Begabte Kinder in der Grundschule. In: Lompscher, Joachim u.a. (Hrsg).: Leben, Lernen und Lehren in der Grundschule, Berlin 1997, S 315 f.
[61] Vgl. Goleman, Daniel: Emotionale Intelligenz, München 1998[8]; Sternberg, Robert J.: Erfolgsintelligenz. Warum wir mehr brauchen als IQ und EQ. Lichtenberg 1998.

Höchstbegabte scheitern oder wirkliche Spitzenleistungen erbringen."[62]

Anlage und Umwelt

Begabungsförderung hat sich auch immer der Kritik im Bereich Anlage und Umwelt zu stellen. „Die Schlüsselrolle, die Begabung für Schulerfolg spielt, und der Umstand, daß sozialer Status weitgehend über den erreichten Bildungsstand zugänglich wird, machen das hohe emotionale Engagement verständlich, mit dem seit beinahe hundert Jahren in fast regelmäßigem Zyklus der Streit um die ʹErblichkeitʹ der Begabung aufbricht"[63] Tendierte man in Anschluss an Roth[64] an eine Überbetonung der Umwelt, so hat das im Vorjahr erschienene Buch von Harris[65] insoferne Aufsehen erregt, als es von einem Primat der Anlage ausgeht. Ebenso scheint die These von

---

[62] Hösle, Vittorio: Chancen und Gefahren von Begabung und Begabungsförderung. Rede anlässlich der 50-Jahr-Feier des Evangelischen Studienwerks e. V. in Schwerte am 16. Mai 1998. URL: www.evstudienwerk.de/veranstaltungen/rede-hoe.txt , 27.12.1998

[63] Skowronek, Helmut: Begabung. In: Lenzen, Dieter (Hrsg.): Pädagogische Grundbegriffe, Reinbek bei Hamburg 1989, S 151.

[64] Roth Heinrich (Hrsg.): Begabung und Lernen. Ergebnisse und Folgerungen neuer Forschungen. Stuttgart (Klett) 1972, 8. Auflage, (1968).

[65] Vgl. Harris, Judith Rich: The Nurture Assumption. New York 1998

Jared Diamond[66], dass nicht konstitutionelle Unterschiede der Menschen, sondern die klimatischen und geographischen Besonderheiten der verschiedenen Erdteile die Ursache für die Verteilung von Armut und Reichtum sind, als Spekulation. Solange dieser Bereich auf Hypothesen beruht, kann nur als Arbeitshypothese gelten, dass die Entwicklung der Persönlichkeit des Menschen zunächst sowohl Prozess als auch Resultat einer aktiven Auseinandersetzung des sich entwickelnden Individuums mit seiner Umwelt ist.[67]

Das bedeutet letztendlich, dass sowohl Begabungen – wie breitgestreut diese auch immer sein mögen – als auch das Herstellen von geeigneten Lernbedingungen miteinander korrespondierend gefördert werden müssen. Denn „wieviel an der Begabung genetisch, wieviel durch Erziehung und soziales Umfeld bedingt ist, kann in diesem Zusammenhang offen bleiben; denn Begabungsförderung bleibt auch dann sinnvoll, wenn der sozial beeinflußbare Teil klein, aber eben nicht verschwindend gering ist. Wolfgang Amadeus Mozarts Begabung war sicher angeboren, aber

---

[66] Vgl. Diamond, Jared: Arm und Reich - Die Schicksale menschlicher Gesellschaften. Fischer, 1998

[67] Giest, Hartmut; Klewitz, Elard: Erschließung der Umwelt. In: Lompscher, Joachim u.a. (Hrsg.): Leben, Lernen und Lehren in der Grundschule, Berlin 1997, S 243.

ohne ihre Förderung durch Leopold Mozart hätte sie sich weniger entfalten können."[68]

Das geistige Potential der Kinder

Oft werden die kognitiven Fähigkeiten von Kindern unterschätzt. Grundlage dafür bieten oft deren Defizite im Bereich des Wissens, die dann bei Erwachsenen ein Vorurteil über die Denkstrukturen bewirken.

Jedoch gerade im Bereich der Philosophie mit Kindern kann erkannt werden, welches geistige Potential in Kindern steckt.

Denn „Kinder sind nicht nur kleine Biologen, Physiker, Kosmologen, Psychologen, Geographen usw., sondern auch kleine Philosophen und Theologen; in Philosophie und Theologie, und auch in der Mathematik, läßt sich in gewisser Weise voraussetzungsloser denken und spekulieren als in den Erfahrungswissenschaften; deswegen braucht man sich nicht zu wundern, wenn schon jüngere Kinder bisweilen ernstzunehmende philosophische und theologische Fragen aufwerfen oder wenn ihnen tiefe metaphysische Ahnungen aufblitzen."[69]

---

[68] Hösle, Vittorio: Chancen und Gefahren von Begabung und Begabungsförderung. Rede anläßlich der 50-Jahr-Feier des Evangelischen Studienwerks e. V. in Schwerte am 16. Mai 1998.

[69] Freese, Hans-Ludwig: Wie sich die Welt in den Köpfen der Kinder malt. In: Drews, Ursula; Durdel, Anja: Grundlegung

„Wir sollten uns davor hüten, durch ein herablassendes, besserwisserisches Wesen den Wissens- und Erkenntnisdrang der Kinder mit dogmatischen Antworten und Belehrungen stillzustellen, sondern eher darum bemüht sein, das Schöpferische im Kind zur Entfaltung kommen zu lassen, die Lust, weiter zu fragen, mit Denkmöglichkeiten zu spielen usw. anzufachen. Nicht nur in der Philosophie sind Fragen zunächst wichtiger als Antworten, und Kinder können uns mit ihren naiven Fragen viel zu denken geben, denn: ′Es gibt keine Fragen, die dringlicher wären, als die naiven′".[70]

Der Bereich des Philosophierens lässt oft erkennen, wie genial Kinder denken können. Dieses Potential zu fördern, wird eine der Hauptaufgaben einer Pädagogik sein müssen, die das Kind in den Mittelpunkt ihrer Interessen stellt.

Begabten- und Begabungsförderung

Die Begriffe Begabungsförderung und Begabtenförderung wurden und werden oft synonym gebraucht. Im engen Sinne versteht man jedoch unter Begabtenförderung die

---

von Bildung in der Grundschule von heute. Konferenzbeiträge. Potsdam 1997, S 185.

[70] Freese, Hans-Ludwig: Wie sich die Welt in den Köpfen der Kinder malt. In: Drews, Ursula; Durdel, Anja: Grundlegung von Bildung in der Grundschule von heute. Konferenzbeiträge. Potsdam 1997, S 189.

Förderung jener Begabten, die einen Intelligenzquotienten über 130 aufweisen.[71] Begabungsförderung versucht – im humanistischen, ganzheitlichen Sinn – den Menschen eine Förderung der in ihm vorhandenen Begabungen zu ermöglichen: Damit sind nicht nur intellektuelle Fähigkeiten erfasst, sondern auch Fähigkeiten im Bereich der Musikalität, des Sports, der sozialen Fähigkeiten und letztendlich auch im Bereich Ethik und Moral: Selbstvertrauen, Ausdauer, Charakterstärke etc. sind entscheidende Faktoren, die mitentscheiden, welche individuellen Möglichkeiten tatsächlich und in welchem Ausmaß realisiert werden können. Aus diesem Grund hat Begabungsförderung Rücksicht auf jene vier Faktoren zu nehmen, die Begabungen beeinflussen:

- Berücksichtigung von Begabungen aus der Sicht multipler Intelligenzen,
- Umwelteinflüsse, wie das Familienklima, Frühförderung etc.,
- Nicht – kognitive Persönlichkeitsmerkmalen in Form der Angst, Stressbewältigung, Motivation, Leistungsbereitschaft etc.,

---

[71] Vgl. dazu Tücke, Manfred: Psychologie in der Schule – Psychologie für die Schule. Eine themenzentrierte Einführung in die Pädagogische Psychologie für (zukünftige) Lehrer. Münster 1998[2], S 146.

- Messbare Leistungserfolge.

Schulische Realisation der Begabungsförderung

Die Gesellschaft des neuen Europas kann nach Zulehner durch die Kriterien durch die Grundrechte des Menschen (Recht auf Arbeit, Würde und Freiheit) sowie auf die unsere Kultur bestimmende Balance zwischen einer Kultur der Freiheit, der Solidarität und der Transzendenz bestimmt werden.[72]

Begabungsförderung in Europa setzt somit die Freiheit des Kindes voraus, aber auch das Recht zur Entwicklung der eigenen Anlagen. Dabei kann jedoch das Subsystem Schule nicht die alleinige Verantwortung zugesprochen bekommen. Wenngleich bisher versucht wurde, die Bedeutung der Begabungsförderung sowohl für den einzelnen als auch für die Gesellschaft aufzuzeigen, muss in diesem Zusammenhang auch die Beschränktheit der schulischen Möglichkeiten aufgezeigt werden. Somit kann Schule – in welcher Form auch immer - nur einen Beitrag zur Begabungsförderung leisten:

---

[72] Zulehner, Paul: Wertvolles Europa. Thesenpapier zur Konferenz der Bildungsminister der Europäischen Union in Baden/Wien vom 23.-24. Oktober 1998: Bildung ist mehr. BMUkA, Wien 1998

- Der Bereich der Frühförderung entzieht sich dem Bereich der Schule gänzlich, insbesondere die wichtigen emotionalen Voraussetzungen der Erziehung. Das Gefühl des „Angenommenseins" ist eine der wichtigsten Voraussetzungen, „dessen sich Kinder sicher bleiben müssen und nicht mehr so süß sondern anstrengend sind und schwierige Eltern bekommen...Auf diesem festen Grund aber besteht kindliches Glück aus Kleinigkeiten, geboren weniger aus dem, was wir geben, aufwenden, arrangieren, sondern was wir zutrauen und zulassen, geboren aus dem Drang der Kinder nach Forschen und Erproben und ihrer ständigen Bereitschaft zu kreativer Auseinandersetzung mit der Welt, die sie umgibt."[73]

- Niemand kann zur Förderung seiner Anlagen gezwungen werden. Eine Instrumentalisierung in diesem Bereich wäre nicht nur höchst bedenklich, sondern auch ein Widerspruch in sich!

- Schule hat den systemimmanenten Funktionen der Qualifikation, der Selektion und der Legitimation zu entsprechen.[74] Das bedeutet, dass die Schule

---

[73] Liegle, Wolfgang: Sag mir, wo die Kinder sind. In: Bucher, Anton u.a. (Hrsg.): Ich im pädagogischen Alltag. Salzburg-Wien 1998, S 53.
[74] Fend, Helmut: Theorie der Schule. Wien/Baltimore 1981[2]

Mindestqualifikationen von ihren Schülern zu verlangen hat. „Gleichheitsprobleme hat die Schule nicht aus ideologischen Gründen, sondern auf Grund ihres Auftrages, der öffentliche Bildung mit einem egalitären Minimum abverlangt. Dieses «Minimum» ist historisch stark angewachsen, ohne die Zweckbestimmung der obligatorischen Schulzeit zu verändern."[75] Das Bewusstmachen dieser Realität ermöglicht es der Schule, ihre Grenzen, aber auch ihre Chancen im Bereich der Begabungsförderung wahrzunehmen. Denn Schule hat - als Ort der Bildung schlechthin - die Aufgabe der bestmöglichen Förderung der ihr anvertrauten Kinder und Jugendlichen. Dazu gehört das Aufgreifen und Verwirklichen neuer Erkenntnisse und Forschungsergebnisse, wenn sie zum Wohl des Kindes sind. Wenn es der Schule gelingt, alle Kinder gemäß ihren Anlagen und Begabungen zu fördern – egal ob behindert oder hochbegabt – und dabei den ganzen Menschen in seiner geistigen, seelischen, körperlichen und ethischen Vielfalt zu fördern vermag, hat sie ihren Beitrag zu einem zukünftigen und friedvollen Europa geleistet.

---

[75] Oelkers, Jürgen: Begabtenförderung ist nicht identisch mit Karriereplanung, Neue Zürcher Zeitung vom 3.1.98

Dr. Johann Pehofer

Professor für Humanwissenschaften an der Stiftung Pädagogische Akademie Burgenland, Lektor an der Donauuniversität Krems im Bereich Medienpädagogik. Ausbildung zum Hauptschullehrer, Unterrichtstätigkeit an Pflichtschulen; Studium der Erziehungswissenschaft, Germanistik und Philosophie an der Universität Wien. Zahlreiche Veröffentlichungen zu erziehungs- und unterrichtswissenschaftlichen sowie medienpädagogischen Themen. Lehraufträge und Gastvorträge an in- und ausländischen Universitäten und Hochschulen.